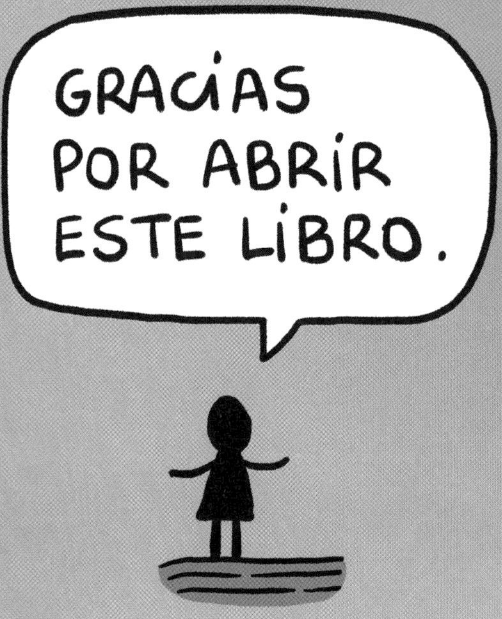
GRACIAS POR ABRIR ESTE LIBRO.

GRACIAS

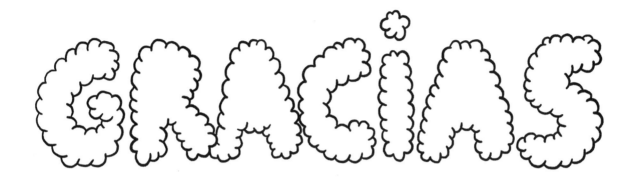

72KILOS

GRACIAS

72KILOS

PLAN B

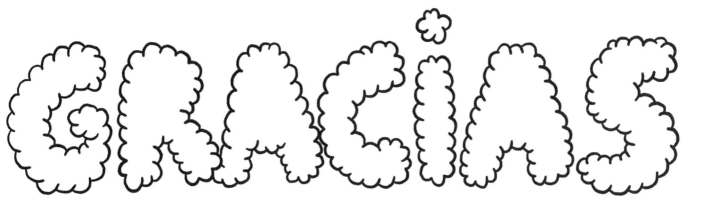

Papel certificado por el Forest Stewardship Council®

Primera edición: noviembre de 2022

© 2022, 72 kilos
© 2022, Penguin Random House Grupo Editorial, S. A. U.
Travessera de Gràcia, 47-49. 08021 Barcelona

Printed in Spain – Impreso en España

ISBN: 978-84-18051-70-8
Depósito legal: B-16.614-2022

Compuesto en M. I. Maquetación, S. L.

Impreso en Gráficas 94, S. L.
Sant Quirze del Vallès (Barcelona)

PB 51708

A TELMO, LUCA Y LUCÍA.

ESTE LIBRO ES UNA RECOPILACIÓN
DE "GRACIAS", ESA PALABRA
QUE DEVUELVE EL ESFUERZO
REALIZADO POR LA OTRA PARTE.
OJALÁ ENCUENTRES AQUÍ
ALGUNO QUE TODAVÍA
NO HAYAS DICHO.

GRACIAS.

GRACIAS, TÍA,
POR SER MI MADRE
SIN SUSCRIPCIÓN ANUAL.

GRACIAS, HERMANO, POR SER SOLUCIÓN, NUNCA PROBLEMA.

GRACIAS, HERMANA,
POR SER
LA MEJOR COPILOTO.

GRACIAS, HERMANA,
POR DECIRME LAS VERDADES
CON OTRAS PALABRAS.

GRACIAS, ABUELA,
POR EXPLICARME LAS REGLAS
DE ESTE JUEGO.

GRACIAS, AMIGA, POR SER LA CAJA MÁS FUERTE QUE CONOZCO.

GRACIAS, ABUELA,
POR MIRARME
CON ESOS OJOS.

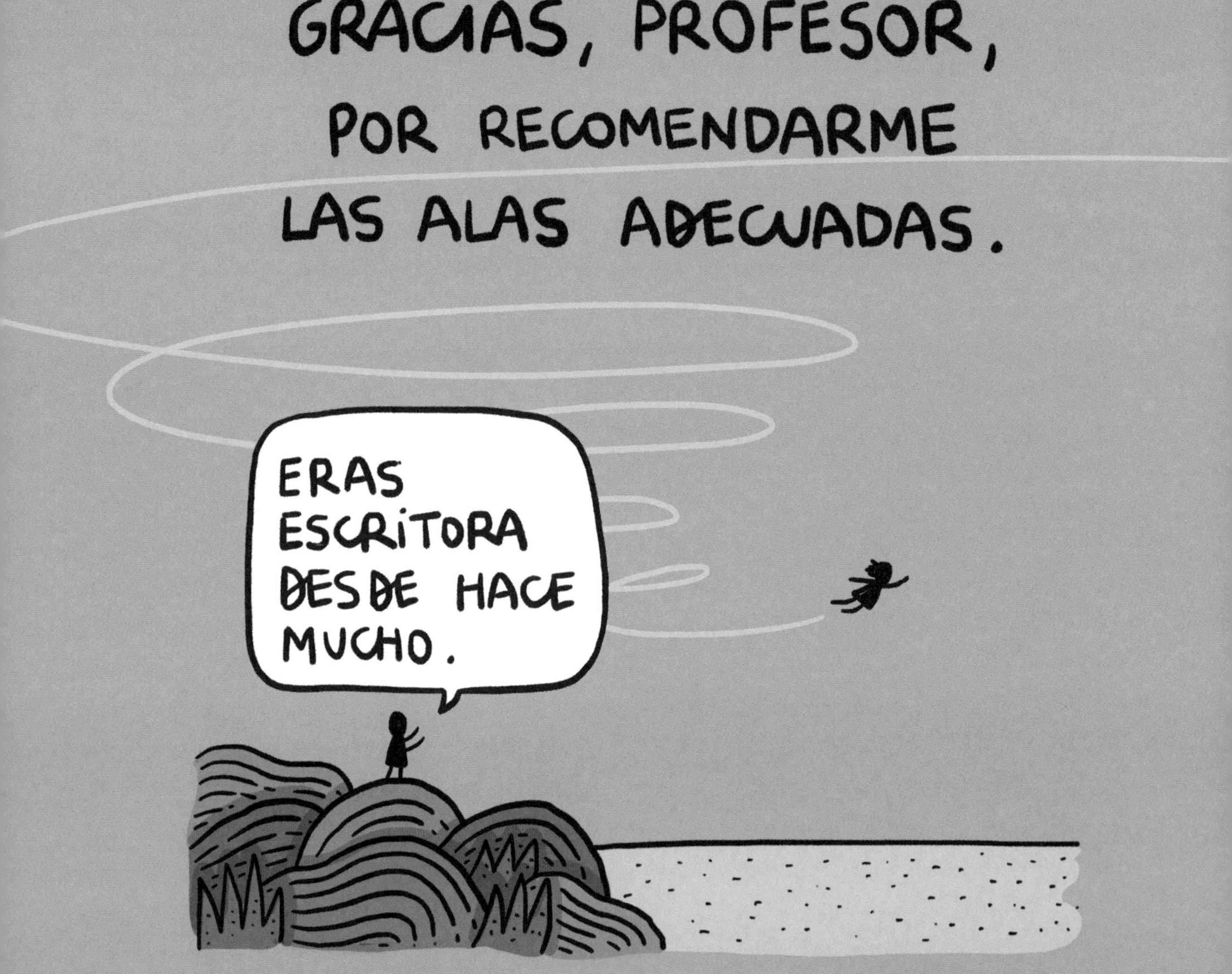
GRACIAS, PROFESOR, POR RECOMENDARME LAS ALAS ADECUADAS.
ERAS ESCRITORA DESDE HACE MUCHO.

GRACIAS, PROFESORA,
POR DECIRNOS CLARAMENTE
LO QUE ENTRARÍA EN EL EXAMEN.

NO OS PREGUNTARÉ
NADA MÁS.

GRACIAS, AMIGO,
POR ACOMPAÑARME A CASA.

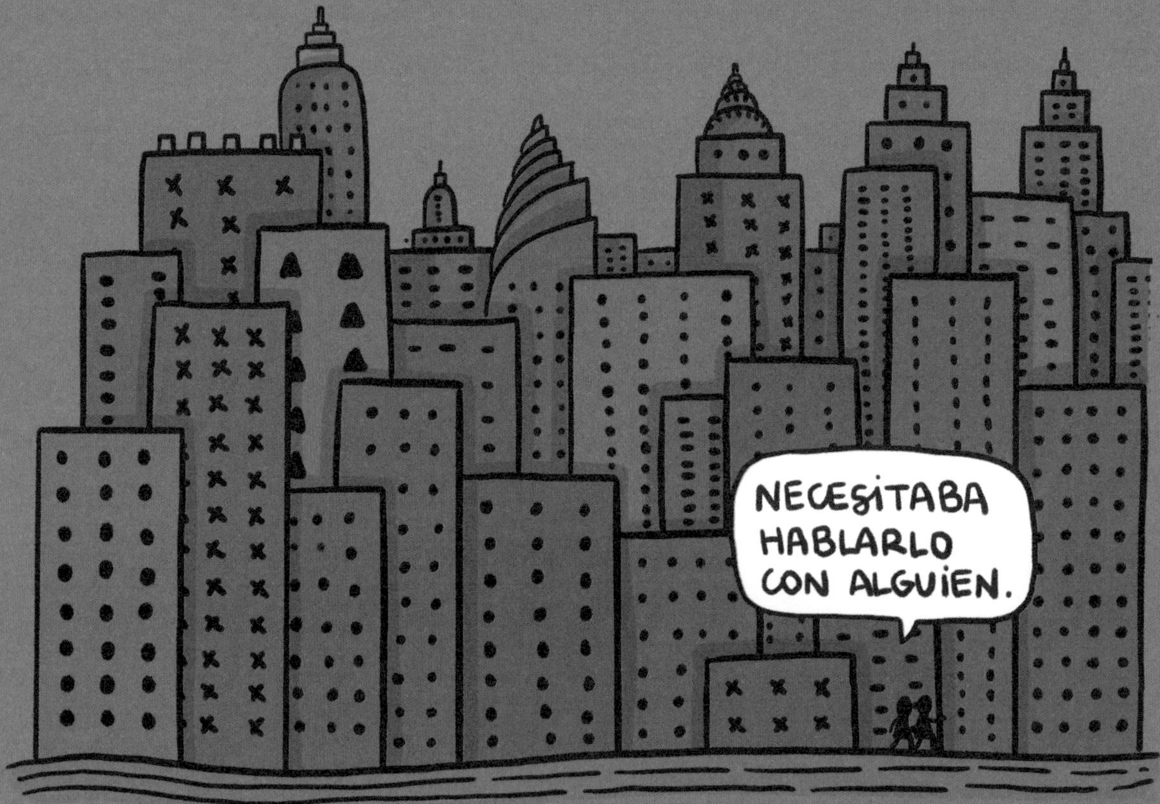
NECESITABA HABLARLO CON ALGUIEN.

GRACIAS, HERMANA,
POR SER MI OTRA CABEZA.

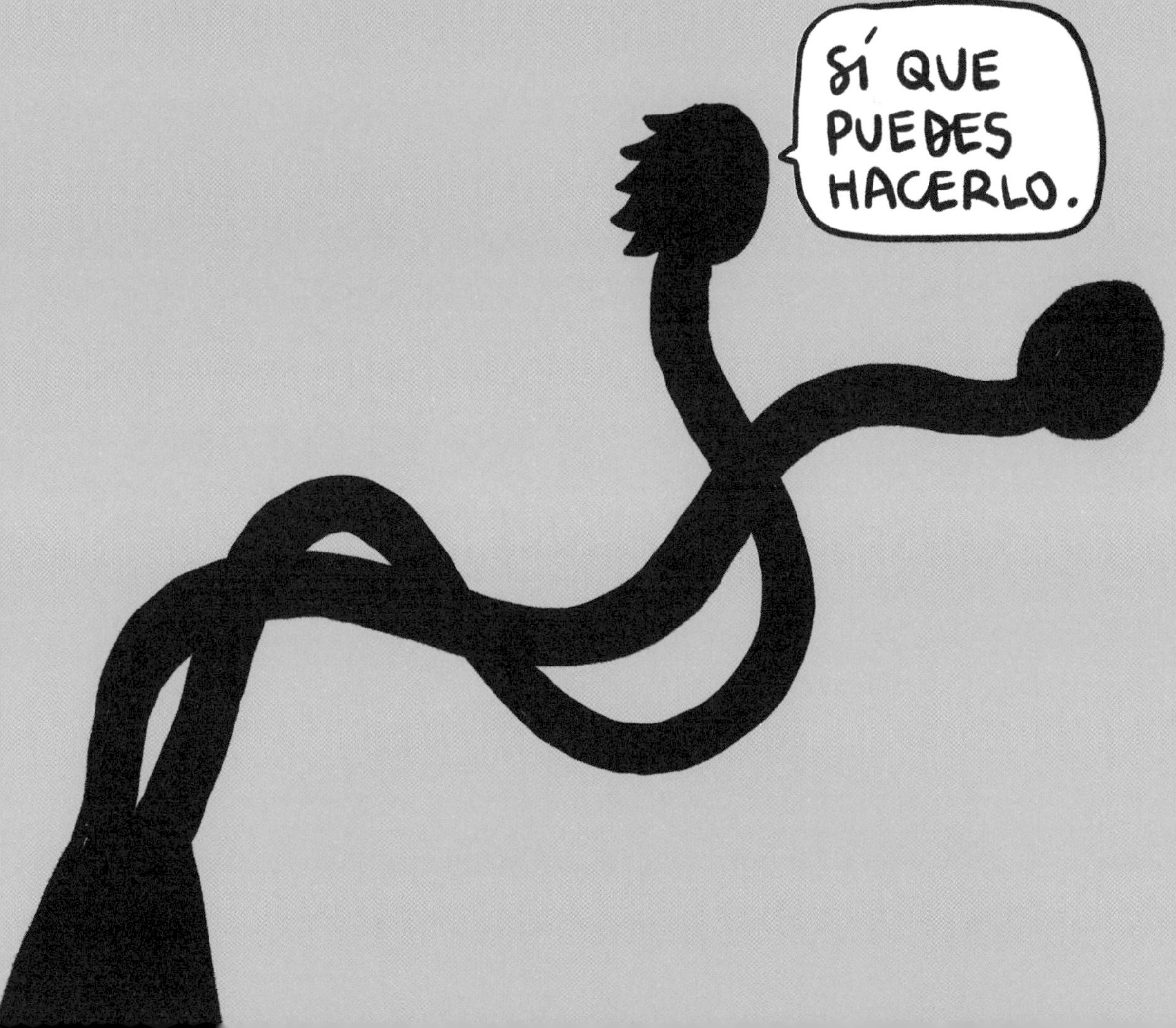
SÍ QUE PUEDES HACERLO.

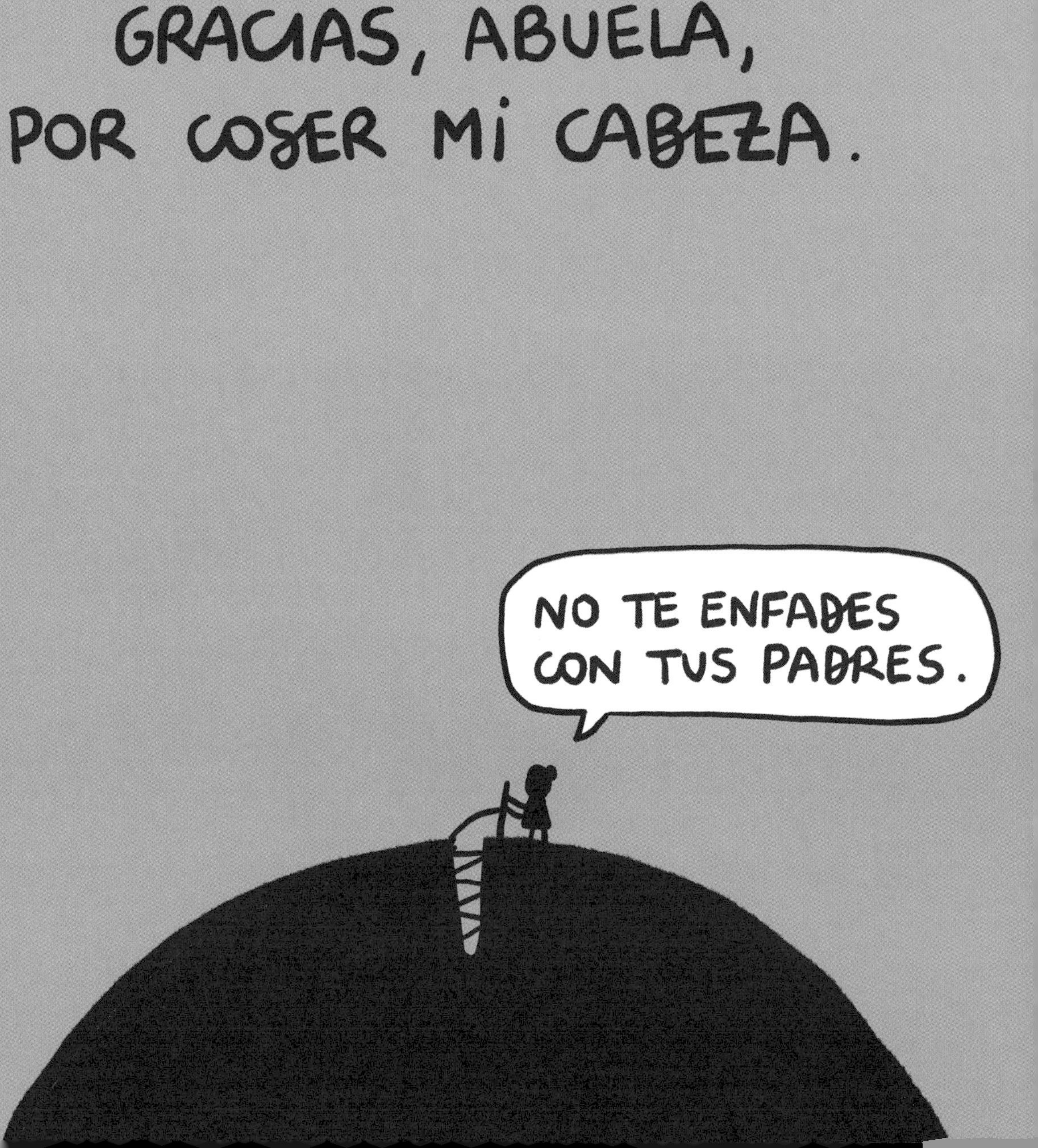
GRACIAS, ABUELA, POR COSER MI CABEZA.
NO TE ENFADES CON TUS PADRES.

GRACIAS, AMIGO,
POR PRESENTARME
A TUS AMIGOS.

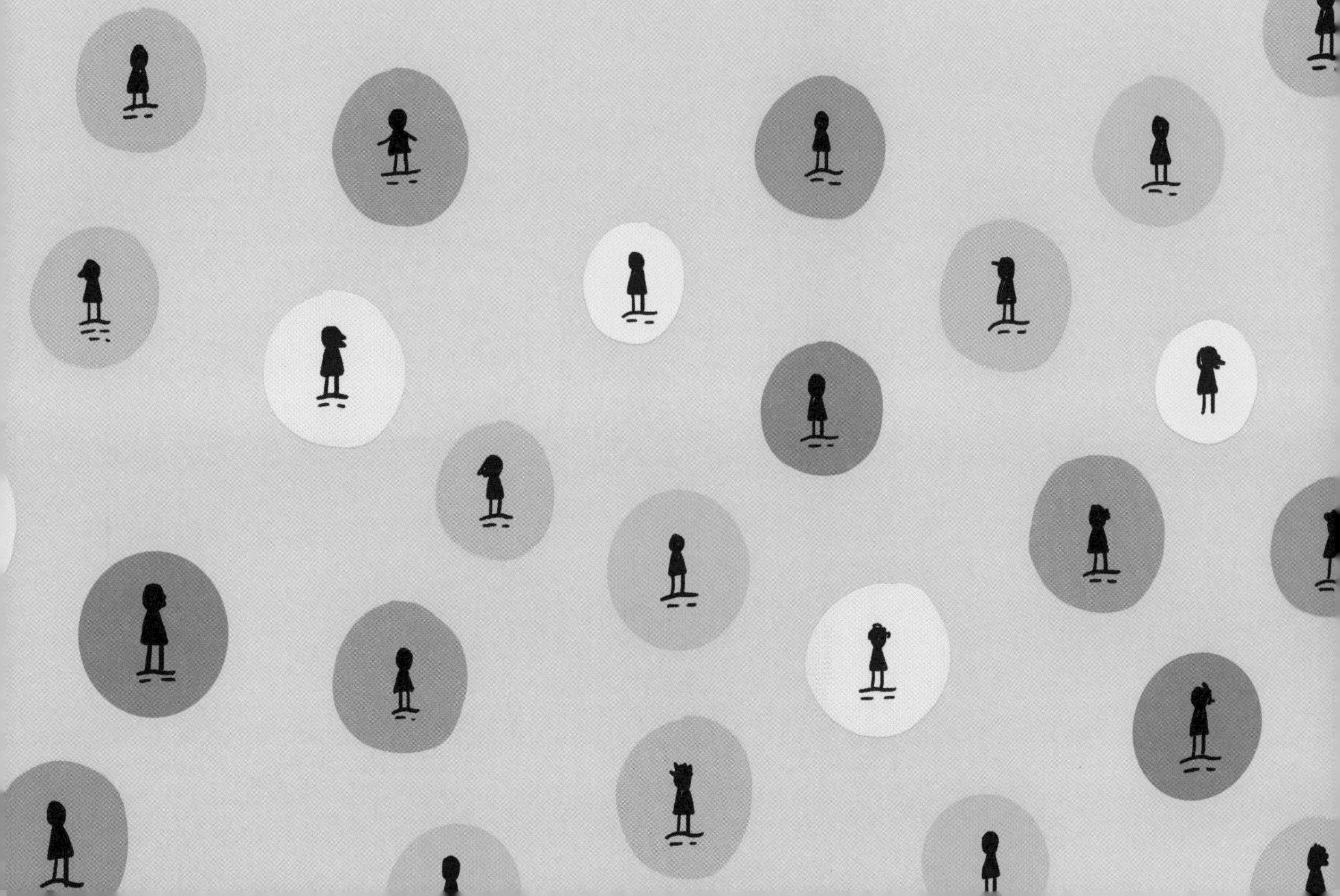

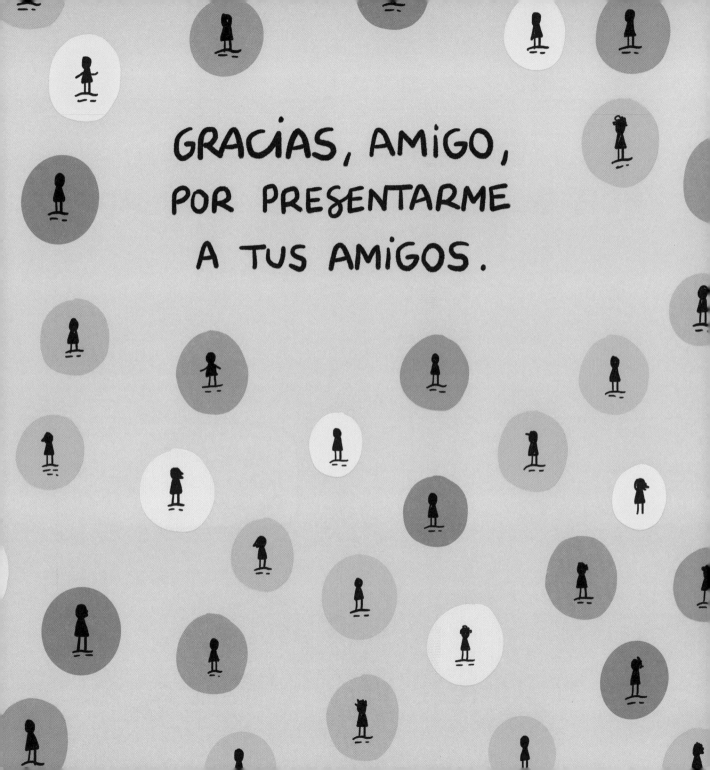

GRACIAS, ABUELA,
POR BUCEAR EN LOS RECUERDOS.

GRACIAS, AMIGA, POR SALTAR CONMIGO.

GRACIAS, VECINA,
POR INVITARME A PASAR.

GRACIAS, CONDUCTOR,
POR INDICARME LA PARADA.

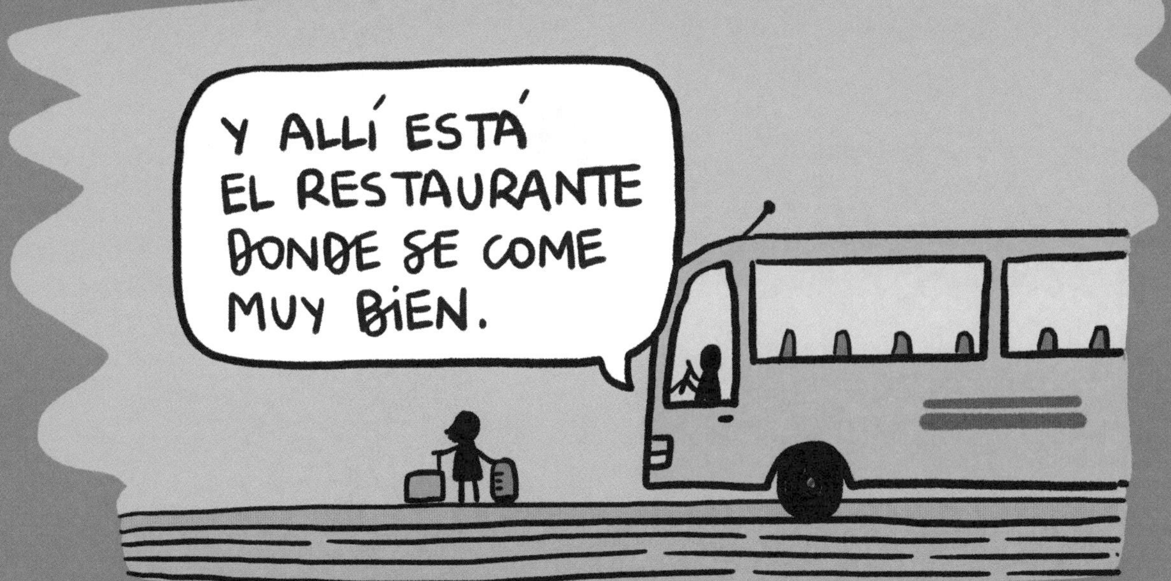
Y ALLÍ ESTÁ EL RESTAURANTE DONDE SE COME MUY BIEN.

GRACIAS, PRIMA,
POR VENIR CUANDO ERA IMPOSIBLE
QUE VINIERAS.

GRACIAS, ABUELA,
POR JUGAR A SER ABUELA.

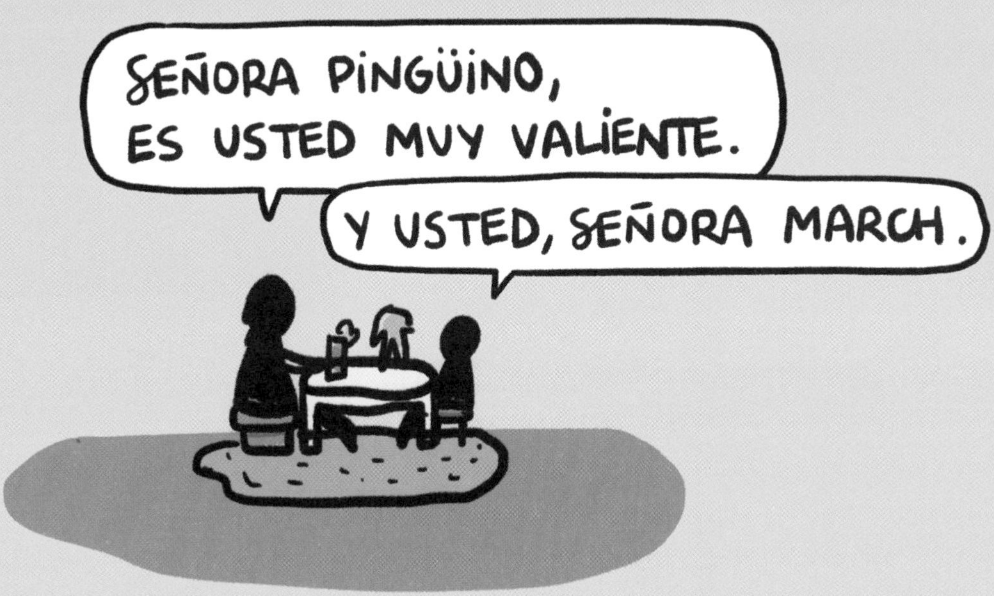

GRACIAS, ABUELO,
POR SER MAESTRO AUN
SIN ESTAR.

GRACIAS, ABUELO,
POR NO PERDERTE MI INFANCIA.

GRACIAS, TÍA,

POR ENSEÑARME A ANDAR

POR LA VIDA.

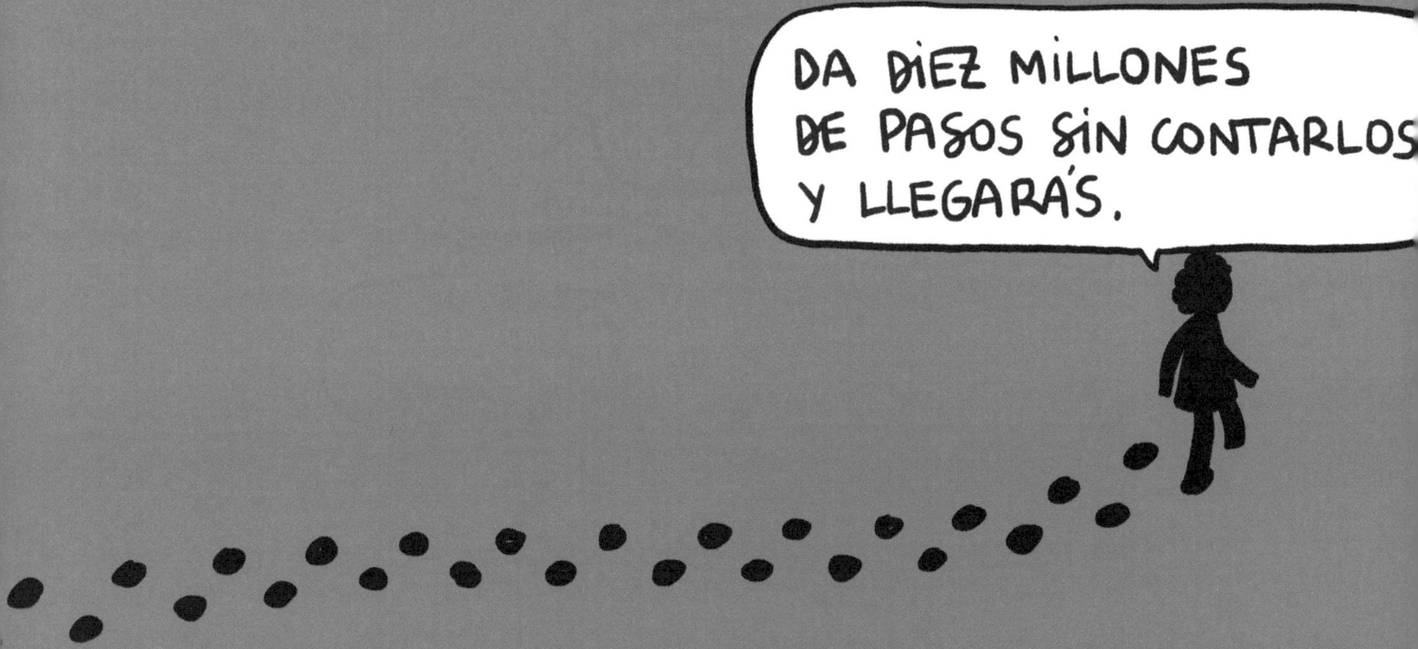

GRACIAS, PARADA DE AUTOBÚS,
PORQUE YO TAMBIÉN NECESITABA PARAR.

GRACIAS, GRUPO DE MÚSICA,
POR CANTAR LO QUE
ME ESTABA PASANDO.

GRACIAS, LIBRERO,
POR DARME ESA MEDICINA.

GRACIAS, BICI,
POR DEJARME QUE FUERA YO.

GRACIAS, AMIGO,
POR HACER ESA VIDEOLLAMADA.

GRACIAS, HERMANO,
POR ESPERARME CON
LA LUZ ENCENDIDA.

GRACIAS, GRUPO DE MÚSICA,
POR ENSEÑARME INGLÉS.

GRACIAS, VECINO, POR NO ENSEÑAR MIS BRAGAS AL VECINDARIO.

GRACIAS, RECEPCIONISTA,
POR ESA SONRISA PERENNE.

GRACIAS, ARQUITECTO,
POR DEJAR ENTRAR LA LUZ.

GRACIAS, COMPAÑERA DE CLASE,
POR ESOS APUNTES
QUE SIEMPRE ESTABAN...

MUCHO MEJOR
QUE LOS MÍOS.

GRACIAS, PROFESORA,
POR ENSEÑARME A ESCRIBIR
PRIMERO CON LA MANO
Y DESPUÉS CON LA CABEZA.

HOY VAMOS A ESCRIBIR UN CUENTO SOBRE ESTOS DOS ÁRBOLES.

GRACIAS, BIBLIOTECA, POR ABRIRME TUS BRAZOS.

GRACIAS, CHICA
QUE ESTUDIABA A MI LADO,
POR CONSTRUIR EL SILENCIO JUNTOS.

GRACIAS, MÁQUINA DEL TIEMPO, POR NO EXISTIR.

GRACIAS, CULTURA,
POR LLENAR ESOS HUECOS QUE
DEJA LA GENTE CUANDO SE VA.

GRACIAS
POR VENIR A BUSCARME.

GRACIAS
POR NO GRITAR
ENTRE TANTO GRITO.

GRACIAS

POR EMOCIONARME A TIEMPO.

GRACIAS
POR DEJAR DE FUMAR CUANDO NACÍ.

GRACIAS,
DE VERDAD.

GRACIAS
POR MILLONES DE COSAS
QUE SE ME HAN OLVIDADO,
PERO A TI NO.

NOS GUSTABA MUCHO
COLECCIONAR CROMOS.

GRACIAS

POR VOLCARTE EN MIS ESTUDIOS
COMO SI FUERAN LOS TUYOS.

GRACIAS

POR SONREÍR CON LA MIRADA.

GRACIAS

POR ABRIRME LA PUERTA PARA ENTRAR Y LUEGO PARA SALIR.

GRACIAS
POR SER PARTE DE MI EQUIPO.

ERES EL PEGAMENTO DEL GRUPO.

GRACIAS
POR LOS MOMENTOS MÁS MÁGICOS DE MI CARRERA PROFESIONAL.

GRACIAS

POR PONER VOCES DIVERTIDAS A NOTICIAS TRISTES.

GRACIAS
POR ENSEÑARME EL VALOR DE LA PALABRA.

GRACIAS
POR SEGUIR FABRICANDO ALAS.

GRACIAS
POR LAS RISAS ANTES Y DESPUÉS DE LOS EXÁMENES.

GRACIAS

POR APARECER EN EL MOMENTO JUSTO.

GRACIAS

POR SER LA PIEZA QUE FALTA.

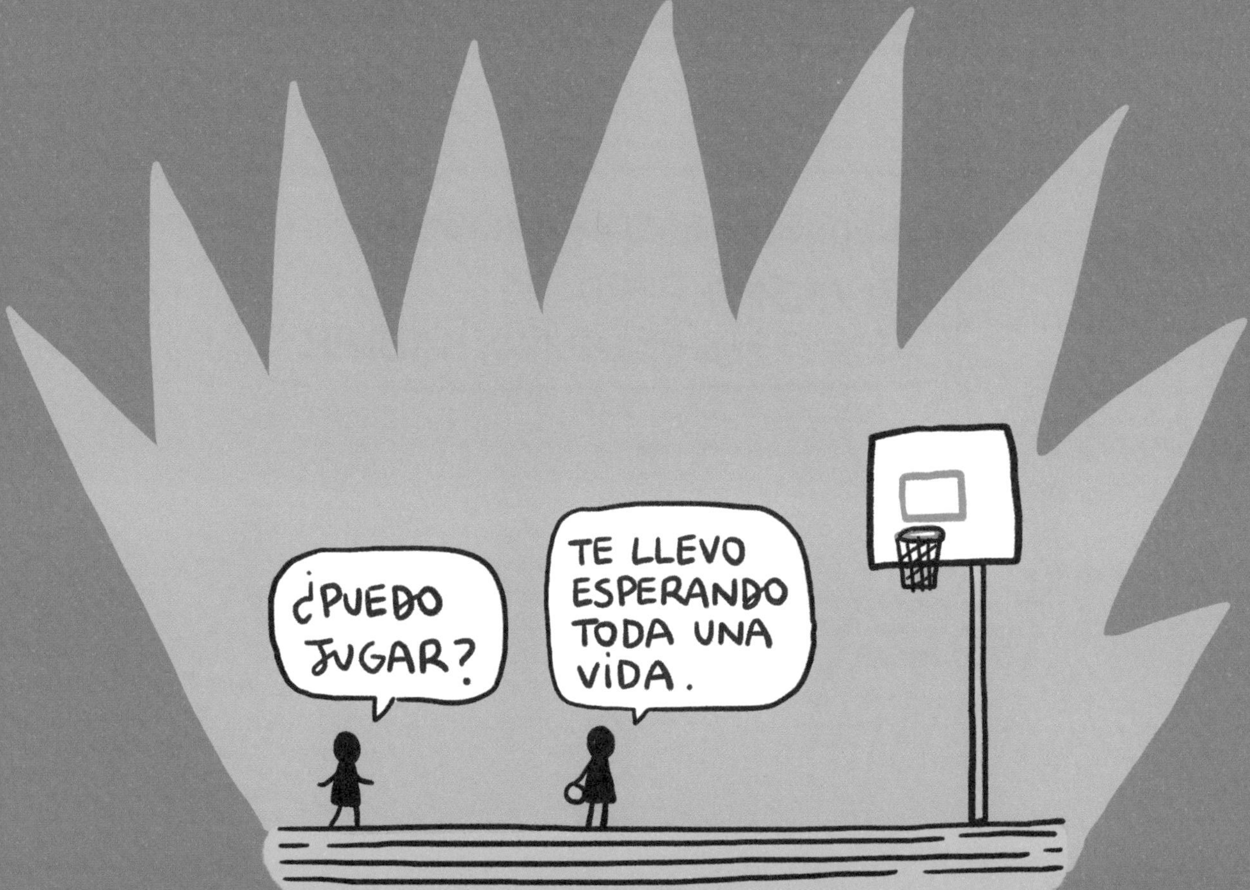
¿PUEDO JUGAR?
TE LLEVO ESPERANDO TODA UNA VIDA.

GRACIAS,

ANTIGUO COMPAÑERO DE TRABAJO, POR CONVERTIRTE EN AMIGO.

GRACIAS,
SEÑORA DEL AUTOBÚS,
POR HABLAR POR TELÉFONO MÁS BAJITO.

GRACIAS, PELUQUERA,
POR DECIRME LA VERDAD.

MIRA, ESE PEINADO
QUE QUIERES TE
VA A QUEDAR FATAL.

GRACIAS, MAR.

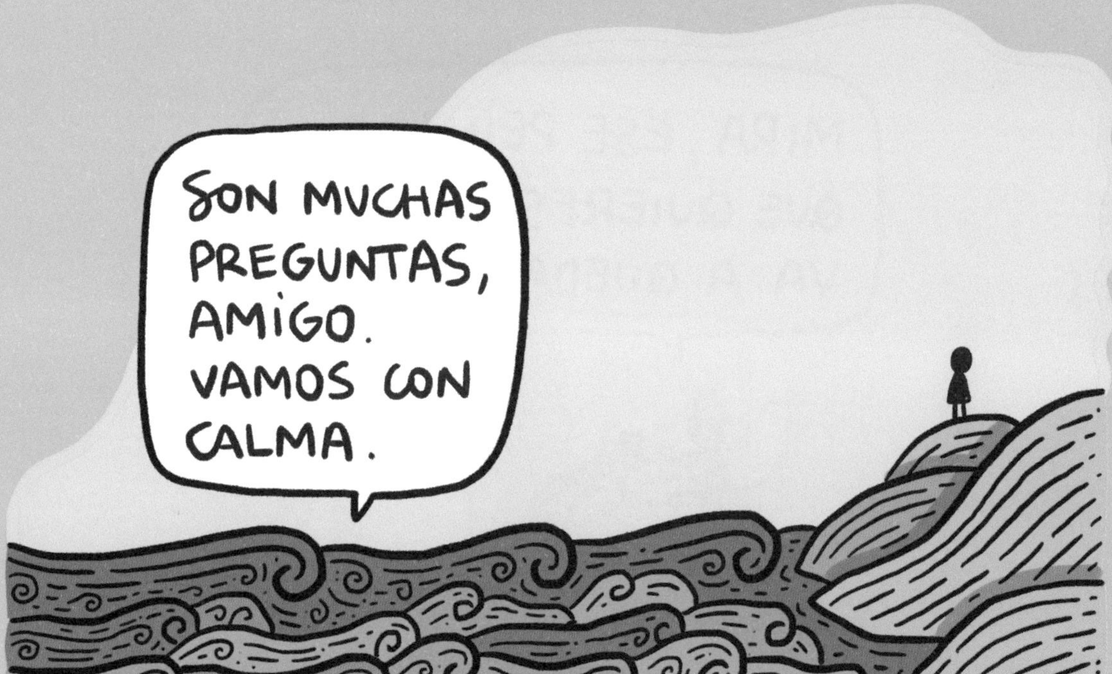
SON MUCHAS PREGUNTAS, AMIGO. VAMOS CON CALMA.

GRACIAS, LUNA,
POR GUARDARME LOS SECRETOS.

GRACIAS, PELÍCULAS,
POR SERVIRME DE EJEMPLO.

GRACIAS, EJERCICIO, POR SACARME DE TANTOS PROBLEMAS.

GRACIAS,
COMPAÑÍA TELEFÓNICA,
POR DEJAR DE LLAMARME
PARA OFRECERME COSAS.

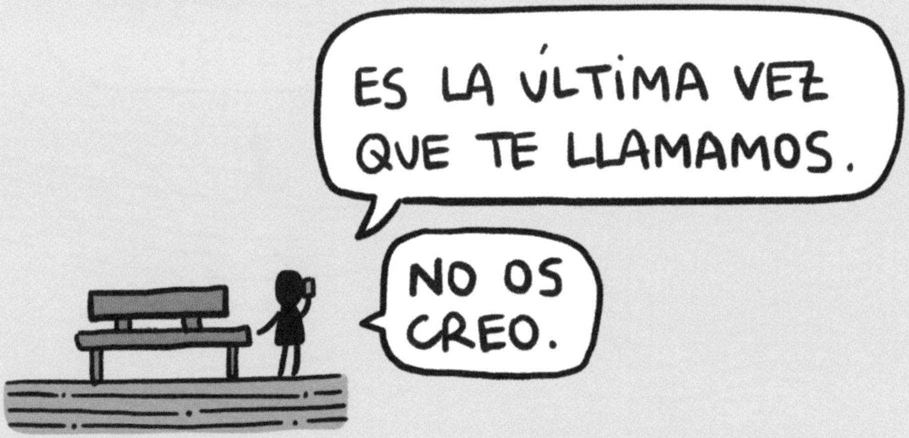
ES LA ÚLTIMA VEZ QUE TE LLAMAMOS.
NO OS CREO.

GRACIAS, PRIMAVERA,
POR APARECER UN DÍA DE INVIERNO.

GRACIAS, AVIONES,
POR DEJARME ADIVINAR
VUESTROS DESTINOS
Y VIAJAR UN POCO.

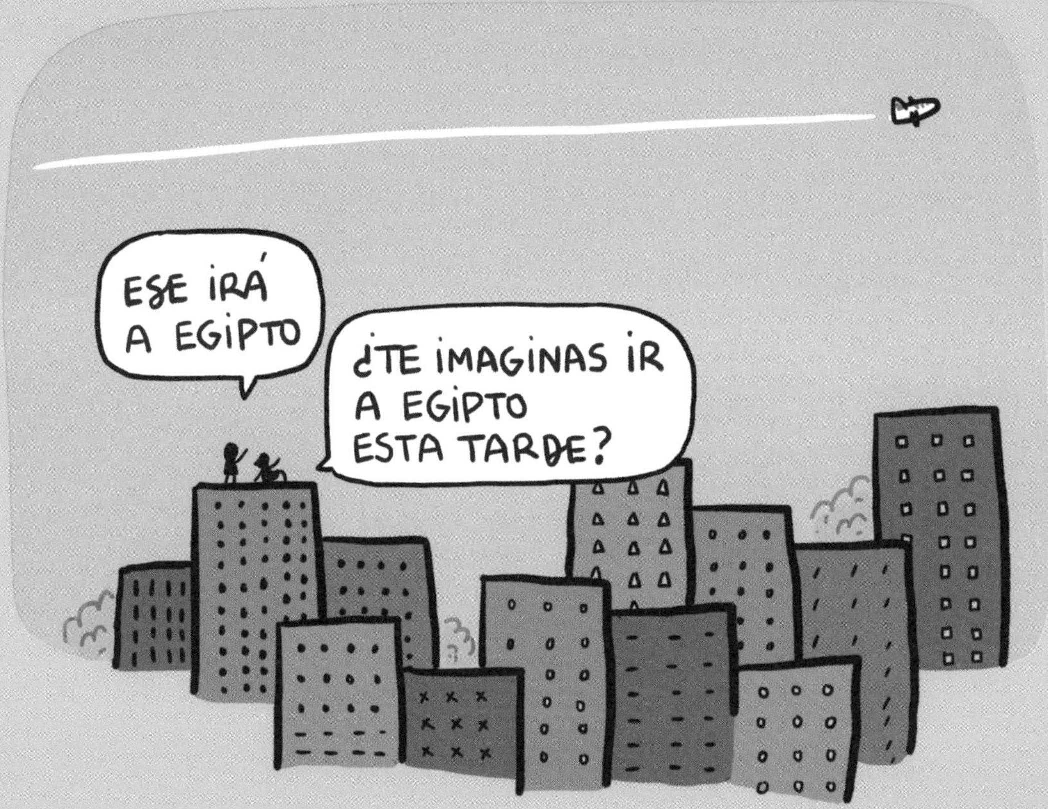
ESE IRÁ A EGIPTO
¿TE IMAGINAS IR A EGIPTO ESTA TARDE?

GRACIAS, BIBLIOTECA,
POR NO ACABARTE NUNCA.

GRACIAS, PLAYA,
POR SER EL MEJOR ESPEJO
DE LA HUMANIDAD.

GRACIAS, BALÓN,
POR SER AMIGO CUANDO
NO HAY AMIGOS.

GRACIAS, MAMÁ,
POR ESAS CONVERSACIONES QUE TUVIMOS SIN TENERLAS.

GRACIAS, PAPÁ,
POR CONTARME LO QUE HARÍAS TÚ
SI FUERAS YO.

GRACIAS, HIJA,
POR DECAPAR, LIJAR, PINTAR
Y BARNIZAR MI VIDA.

GRACIAS, RAFA,
POR NO DAR PUNTOS POR PERDIDOS.

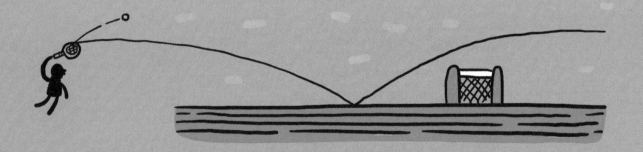

GRACIAS, ESCRITORA, POR DEJARLO ESCRITO.

GRACIAS
POR NO DAR TU OPINIÓN DE TODO.

GRACIAS

POR ESTE RATITO DE SILENCIO.

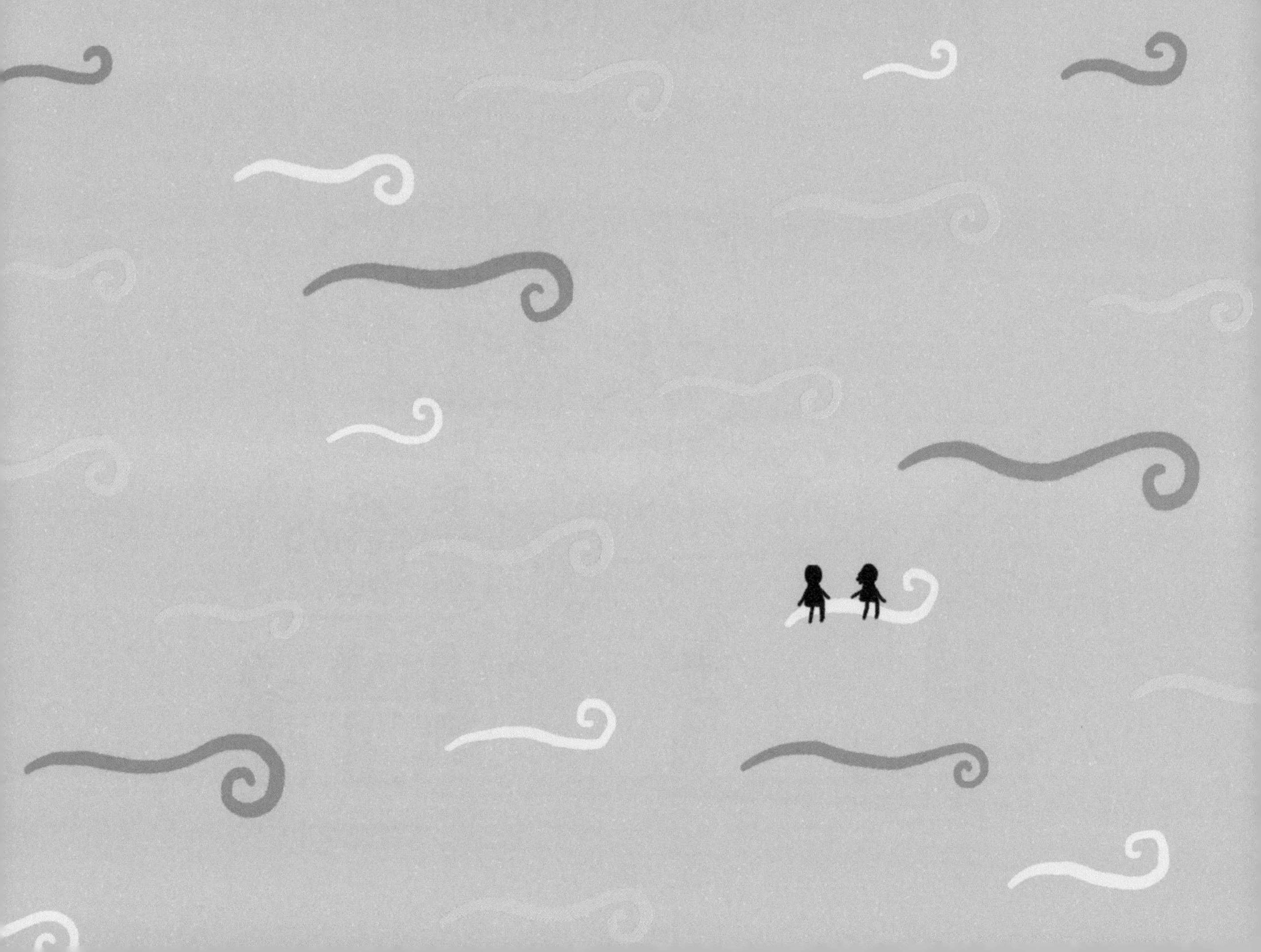

GRACIAS
POR CAMBIAR DE TEMA
EN EL MOMENTO PERFECTO.

GRACIAS
POR NO DILATAR EL SUFRIMIENTO.

GRACIAS

POR AQUELLA COMIDA
EN LA QUE SOLO REÍMOS.

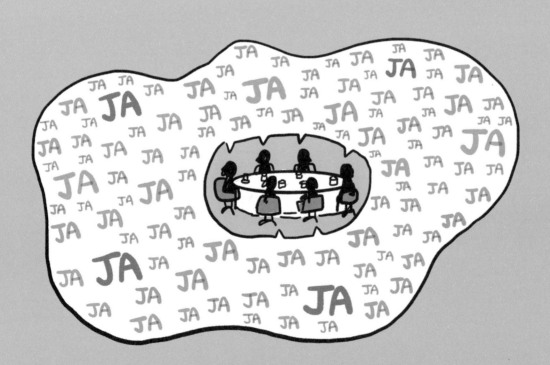

GRACIAS
POR UN RINCONCITO DE COMPRENSIÓN.

GRACIAS, ABUELO,
POR SALTARTE LOS SESENTA AÑOS QUE NOS SEPARABAN.

GRACIAS,
PORTERO DE DISCOTECA,
POR CREERTE MI MEJOR EXCUSA.

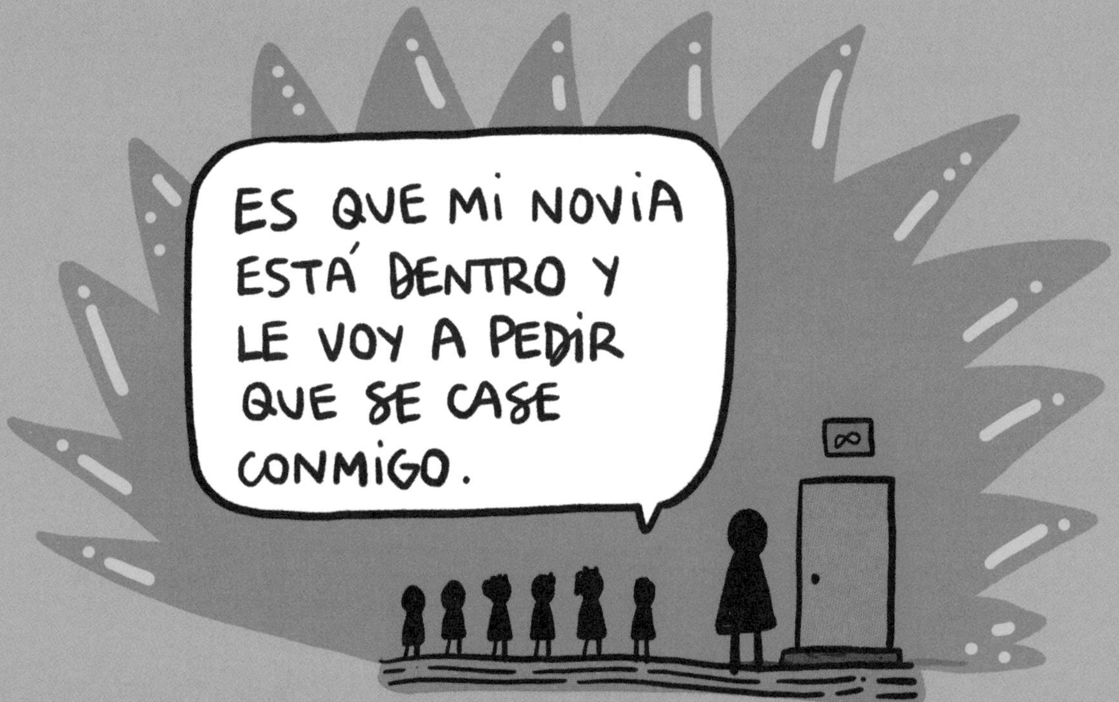
ES QUE MI NOVIA ESTÁ DENTRO Y LE VOY A PEDIR QUE SE CASE CONMIGO.

GRACIAS, SEÑORA,*
POR PREGUNTARME ANTES DE OPINAR.

YO LO HE VISTO TODO Y SE LO PUEDO CONTAR, PERO CÁLMESE.

* ANTIGUA JEFA.

GRACIAS, PILOTOS,
POR METER ALGO DE POESÍA.

GRACIAS, MAMÁ,
POR NO RECURRIR A UNA RECETA
PARA TODO.

GRACIAS,
PADRE DE ESE NIÑO QUE JUEGA BIEN AL FÚTBOL, POR NO FLIPARTE.

GRACIAS, PERIODISTA,
POR PONER JUSTO
ESO MISMO QUE DIJO.

GRACIAS, JUEGOS DE MESA,
POR SER PEGAMENTO FAMILIAR.

GRACIAS, MEJOR AMIGO,
POR PERDER TU DÍA DE ESQUÍ
PARA ENSEÑARME A MÍ.

GRACIAS, DEPORTISTAS,
POR MANDARNOS MENSAJES.

GRACIAS, ABUELA,
POR MANDAR ÁNIMOS
CON SELLO URGENTE.

GRACIAS, ANTEPASADOS,
POR HABERNOS TRAÍDO HASTA AQUÍ.

GRACIAS, LLUVIA,
POR SER AMANTE DE LAS SERIES.

GRACIAS, APAGÓN,
POR TRES HORAS DE CONVERSACIÓN.

Y LUEGO NOS
ENCONTRAMOS
CON SU ABUELO
EN EL MISMO
AVIÓN.

¿QUÉ DICES?

GRACIAS, DÍA DE NIEVE, POR MAQUILLAR NUESTRA CIUDAD.

GRACIAS
POR DEJARTE ENSEÑAR.

¿Y LOS BILLETES?

AHORA FUNCIONA TODO CON EL MÓVIL.

GRACIAS, PERRO,
POR VENIR CON NOSOTROS.

OS VOY A QUERER SIEMPRE.

GRACIAS, TERMÓMETRO,
POR DECIR CON NÚMEROS:

GRACIAS,
BESAYUNO CON HAMBRE,
POR EXISTIR.

GRACIAS,
INVESTIGADORA,
POR LO QUE ESTÁS HACIENDO
EN SILENCIO.

GRACIAS,
CUIDADORES,
PORQUE LA TORMENTA ES MENOR ASÍ.

GRACIAS, CAMA,
POR ATRAPARME.

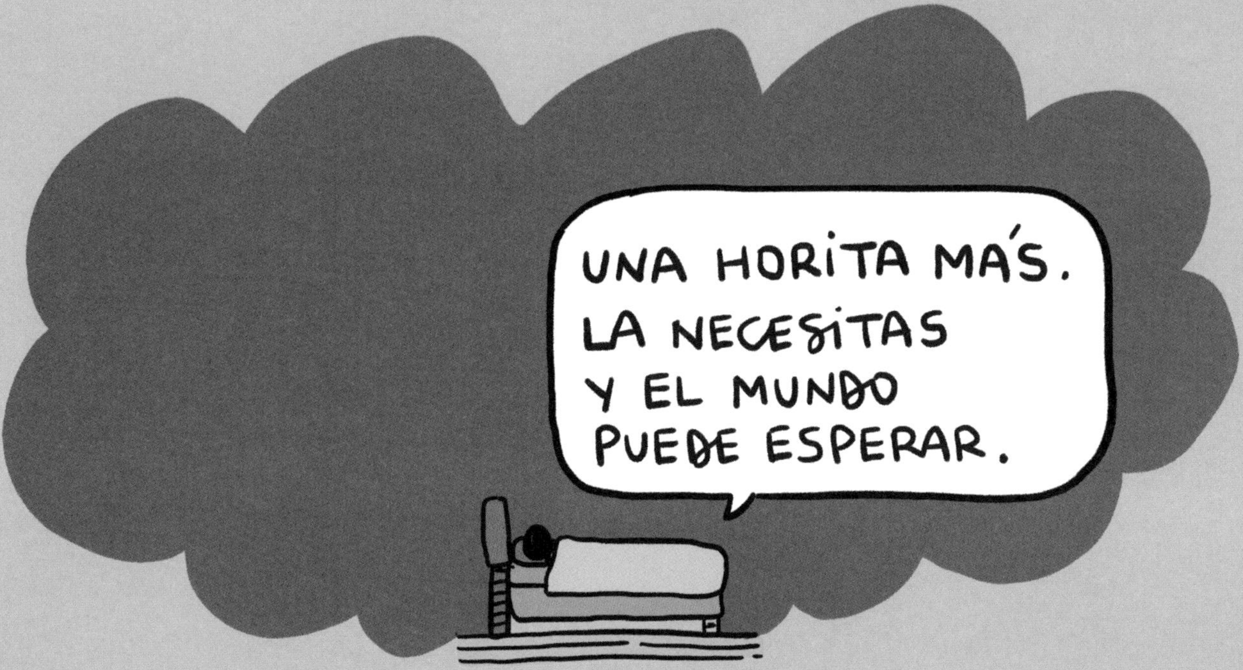
UNA HORITA MÁS. LA NECESITAS Y EL MUNDO PUEDE ESPERAR.

GRACIAS, PAZ, POR APARECER.

GRACIAS, AZAFATA,
POR SONREÍR COMO EN
TU PRIMER VUELO.

GRACIAS, MANTA FAVORITA,
POR LAS SIESTAS QUE NOS QUEDAN.

GRACIAS, RELOJ DE MI ABUELO, POR HACER DOS COSAS A LA VEZ.

GRACIAS, COMPAÑERO QUE DICE SÍ,
POR AYUDAR A CONSTRUIR.

GRACIAS, REINA DE LA FIESTA, POR NO CREÉRTELO DESPUÉS DE LA FIESTA.

GRACIAS, LECTORES,
POR SEGUIR AQUÍ.

GRACIAS, PLANETA TIERRA, POR ESCONDERNOS LUGARES.

GRACIAS, SILENCIO.

GRACIAS, VIAJEROS,
POR CRUZAROS EN EL CAMINO.

GRACIAS, POSTRES, POR HACEROS ESPERAR.

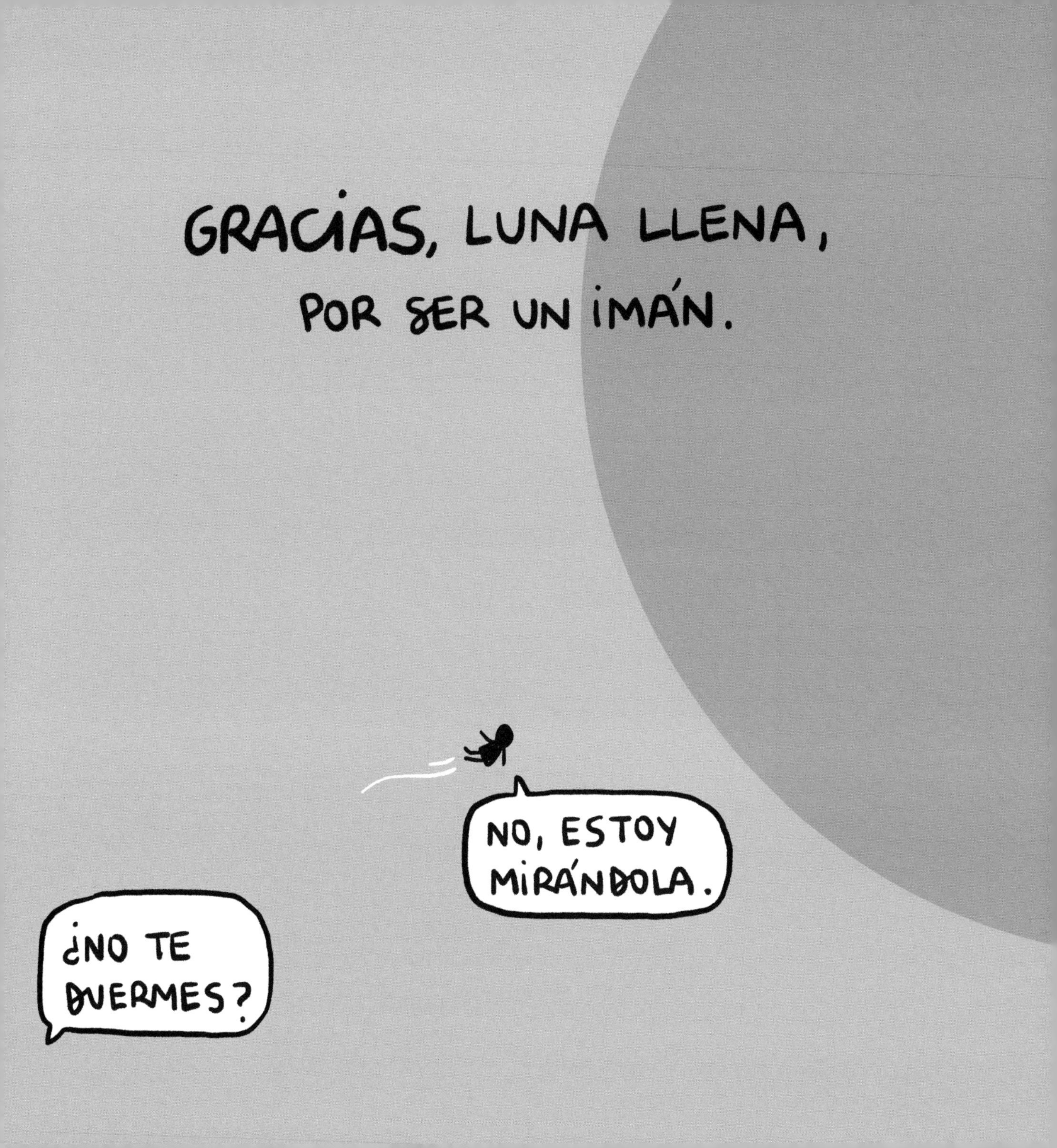
GRACIAS, LUNA LLENA,
POR SER UN IMÁN.
¿NO TE DUERMES?
NO, ESTOY MIRÁNDOLA.

GRACIAS
POR DECÍRMELO.

> CREO QUE ERES EL NIÑO MÁS CARIÑOSO Y TRABAJADOR DEL MUNDO.

GRACIAS

POR EL REGALO.

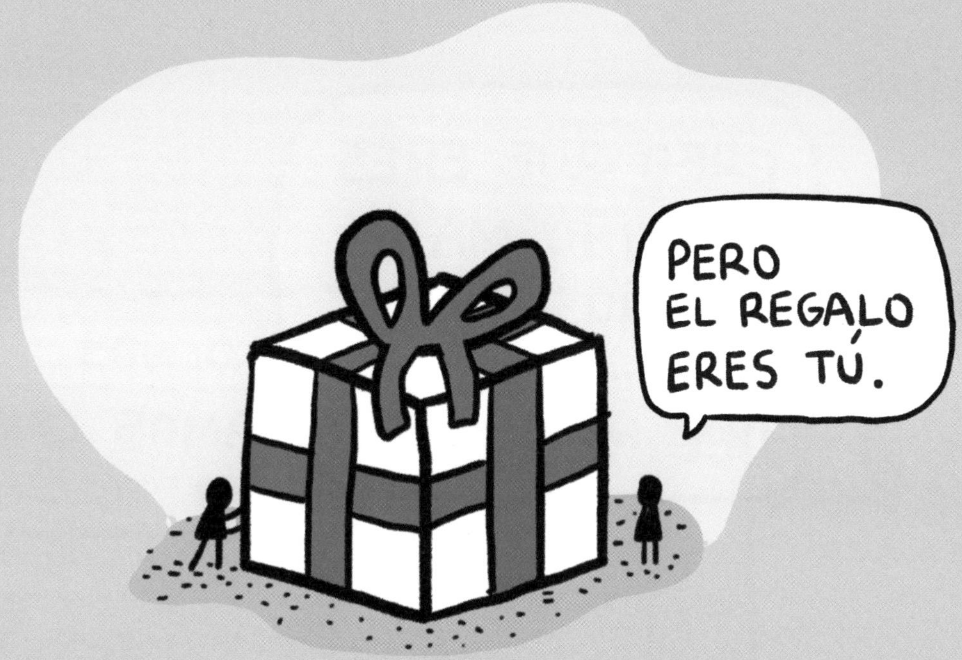
PERO EL REGALO ERES TÚ.

GRACIAS
POR MANDAR CARTAS.

GRACIAS

POR FELICITARME EN VERANO.

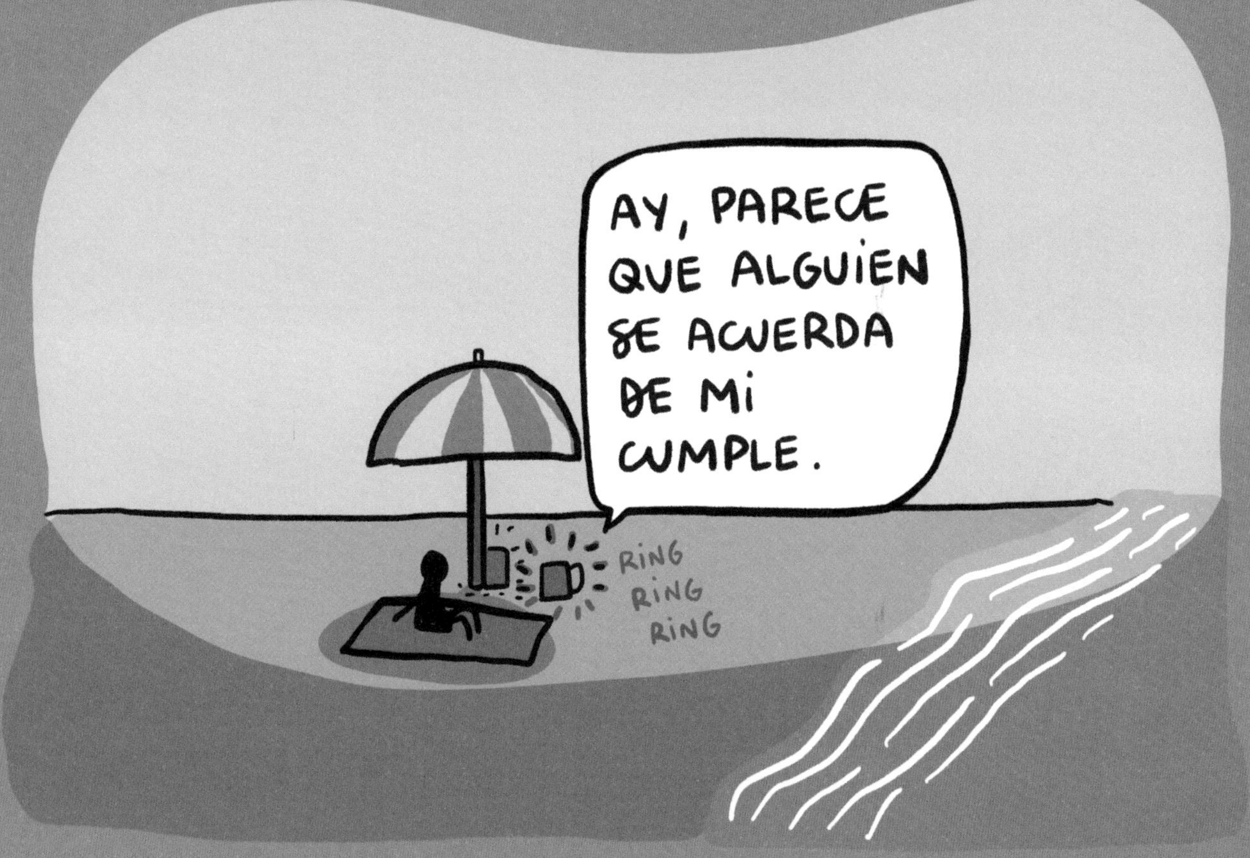
AY, PARECE QUE ALGUIEN SE ACUERDA DE MI CUMPLE.
RING
RING
RING

GRACIAS
POR DEJAR LO QUE TE HACÍA MAL.

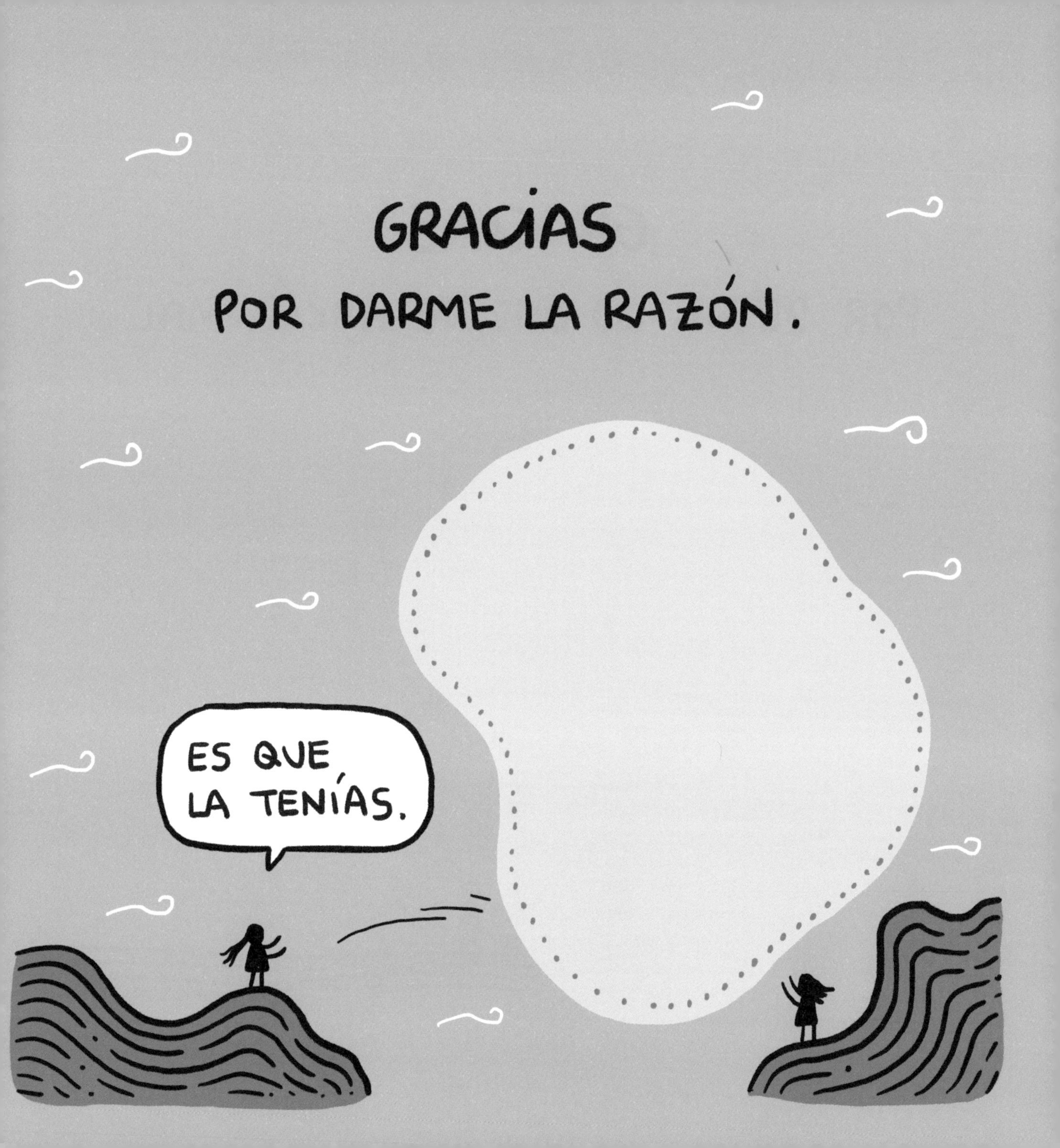
GRACIAS
POR DARME LA RAZÓN.
ES QUE LA TENÍAS.

GRACIAS
POR DONAR TU ROPA.

GRACIAS
POR QUEDARTE HACIENDO LOS DEBERES CONMIGO.

GRACIAS
POR HACER UNA LIMPIEZA
DE TODO LO QUE HABÍAMOS HECHO MAL.

GRACIAS
POR SABER VER MÁS ALLÁ.

GRACIAS
POR HACERNOS LLORAR DE RISA.

GRACIAS

POR LOS CONSEJOS ANTES DEL PARTIDO.

GRACIAS

POR ACORDARTE DE MÍ
DESPUÉS DE TANTO TIEMPO.

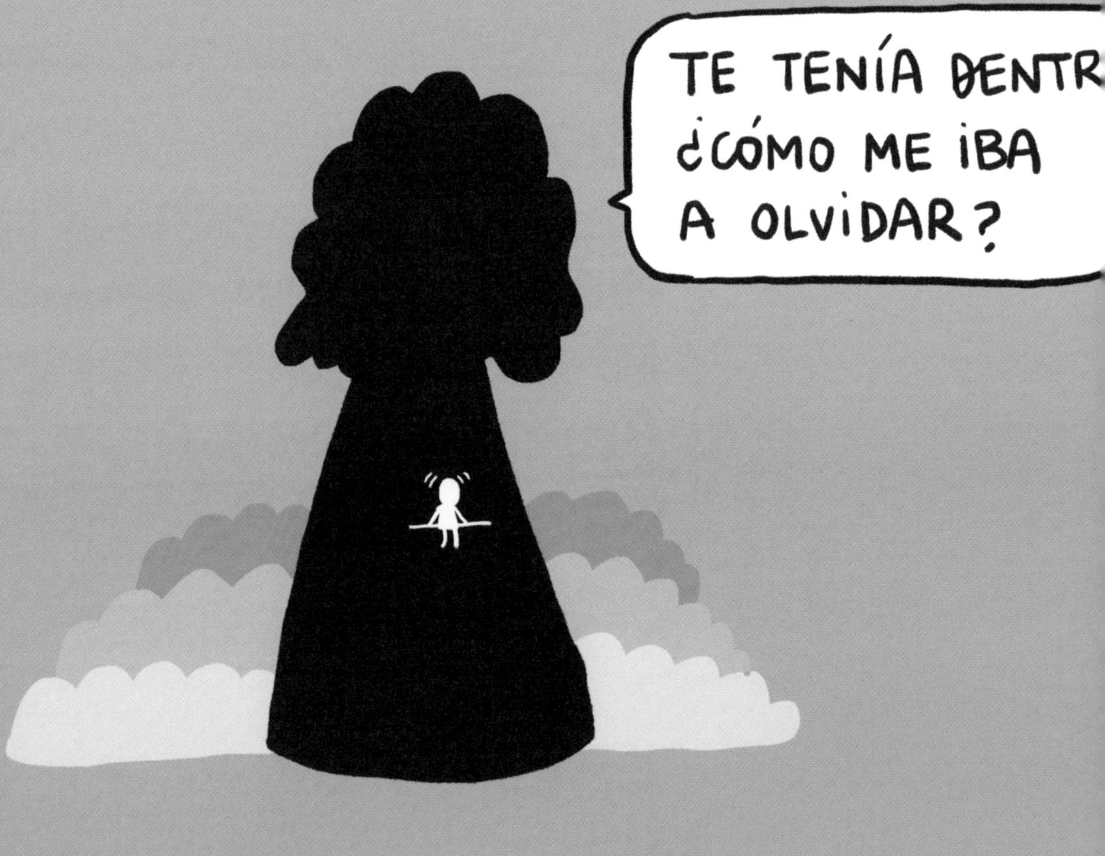
TE TENÍA DENTR
¿CÓMO ME IBA
A OLVIDAR?

GRACIAS

POR VENIR AL DÍA MÁS TRISTE DE MI VIDA.

GRACIAS
POR ANIMAR DESDE LA DISTANCIA.

GRACIAS
POR AQUELLAS VACACIONES.

FUERON CINCO DÍAS, PERO ME LLEVO ACORDANDO TODA LA VIDA.

GRACIAS

POR ENSEÑARME TODO
LO QUE SABÍAS.

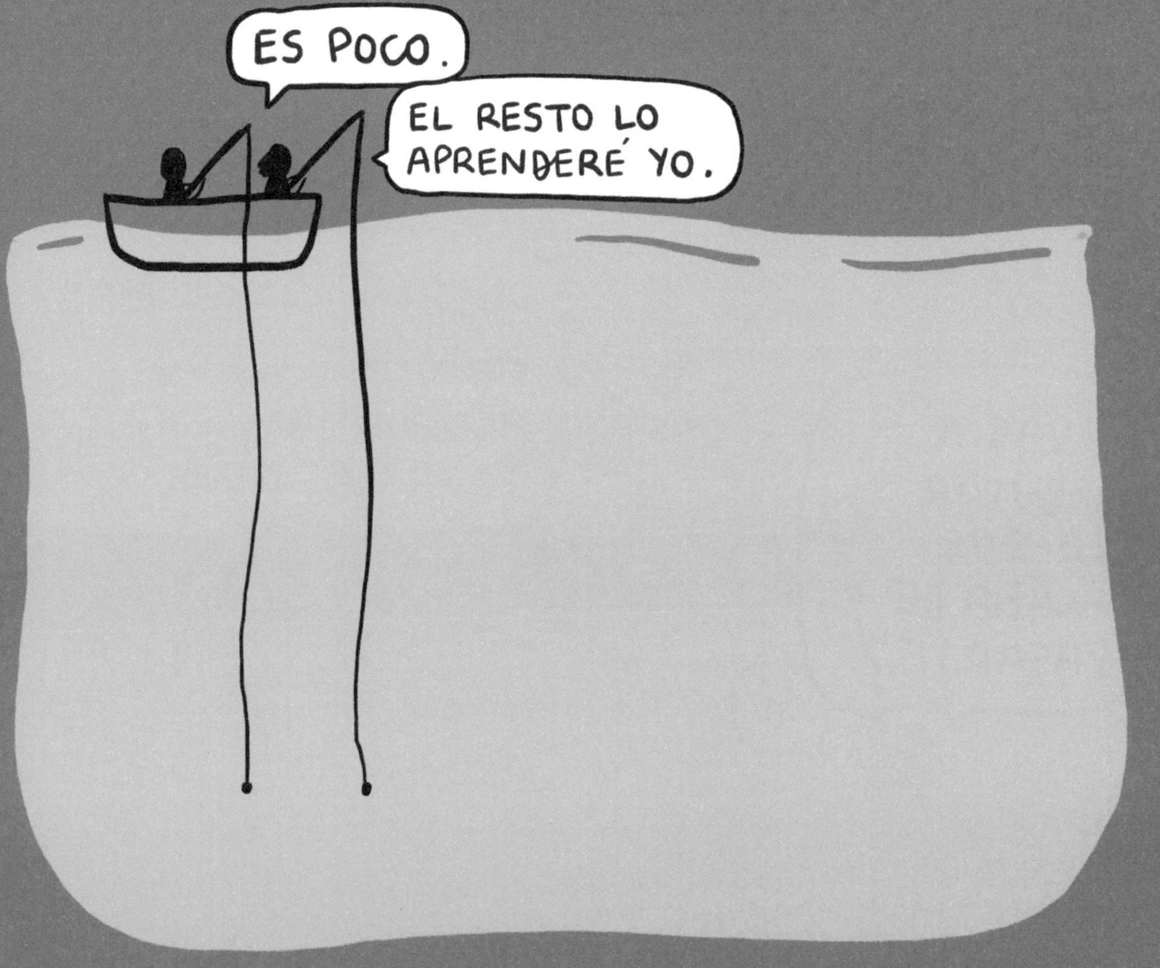

GRACIAS
POR LLEVAR UN CUADERNO CONTIGO.

GRACIAS
POR NO TENER NI IDEA.

GRACIAS
POR DESPERTARME SIN PALABRAS.

GRACIAS

POR NO SEMBRARME TUS MIEDOS.

GRACIAS

POR NO JUZGARME.

GRACIAS
POR OTRO HELADO.

GRACIAS, PAPÁ,
POR SER PADRE DE MIS HIJOS.

GRACIAS, OLANO, POR LOS CONSEJOS DESDE ARRIBA

GRACIAS

POR NO RECOMENDARME ESA SERIE.

GRACIAS, HIJO,
POR CONTAR A TODO EL MUNDO
LOS SECRETOS DE LA FAMILIA.

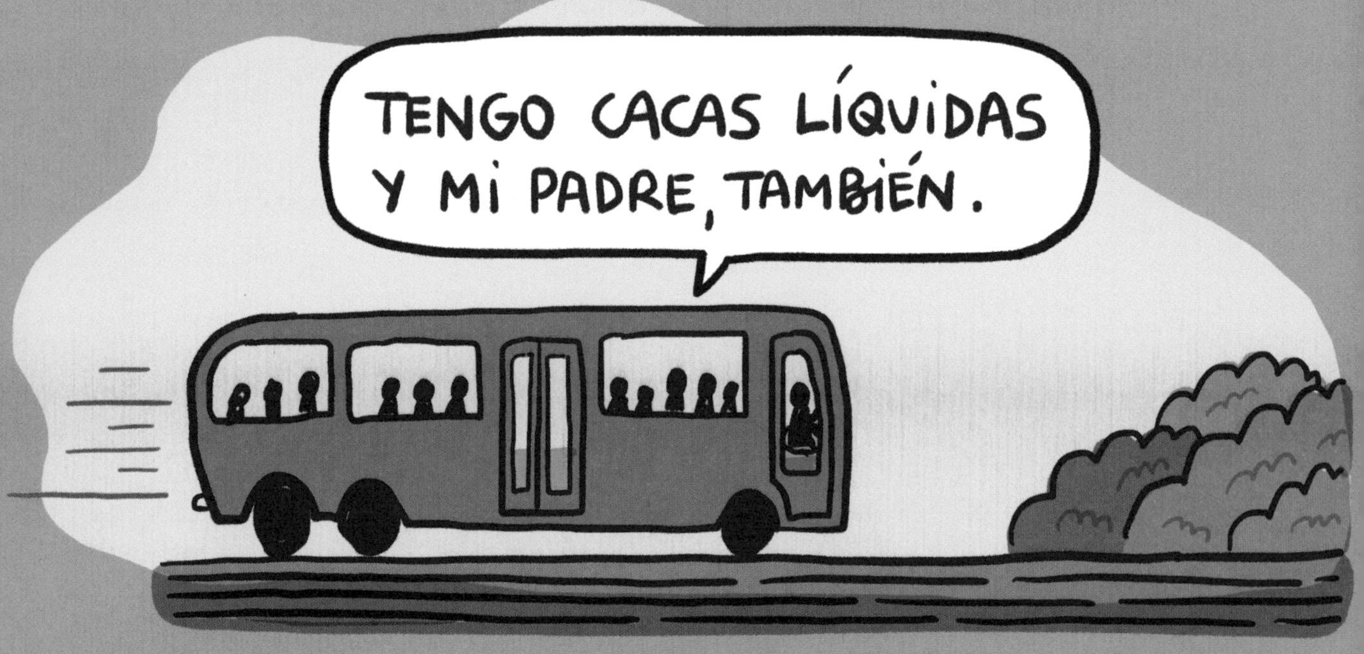
TENGO CACAS LÍQUIDAS
Y MI PADRE, TAMBIÉN.

GRACIAS, CAMBIO DE HORA, PORQUE CAMBIAS LA VIDA.

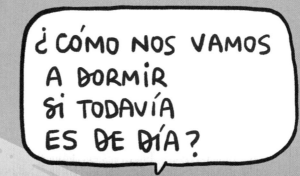

¿CÓMO NOS VAMOS A DORMIR SI TODAVÍA ES DE DÍA?

GRACIAS, HISTORIA,
POR DEJARNOS UN RATITO DE PAZ.

GRACIAS, NUBE,
POR TENER FORMA DE LO
QUE ANHELAMOS.

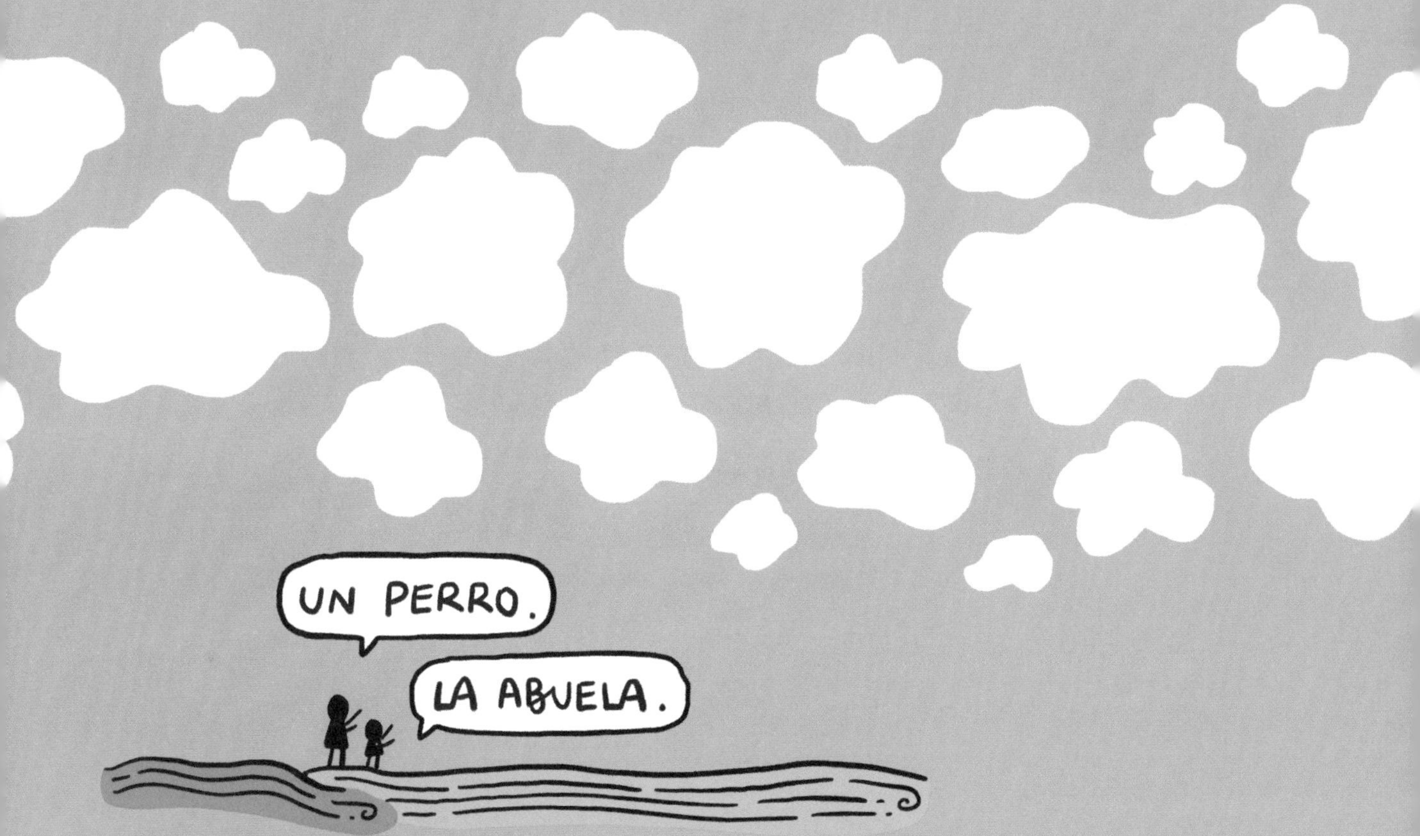
UN PERRO.
LA ABUELA.

GRACIAS, CINE,
POR ESAS DOS HORAS.

GRACIAS, COLECCIÓN DE CROMOS, POR SER RECUERDO.

GRACIAS
POR QUEDARTE EN MI MEMORIA.

GRACIAS
POR LAS MENTES ENCENDIDAS.

GRACIAS
POR NO CERRAR CON LLAVE.

GRACIAS

POR LAS HORAS DE ABURRIMIENTO.

GRACIAS, AVIONES,

POR TODOS ESOS CIELOS.

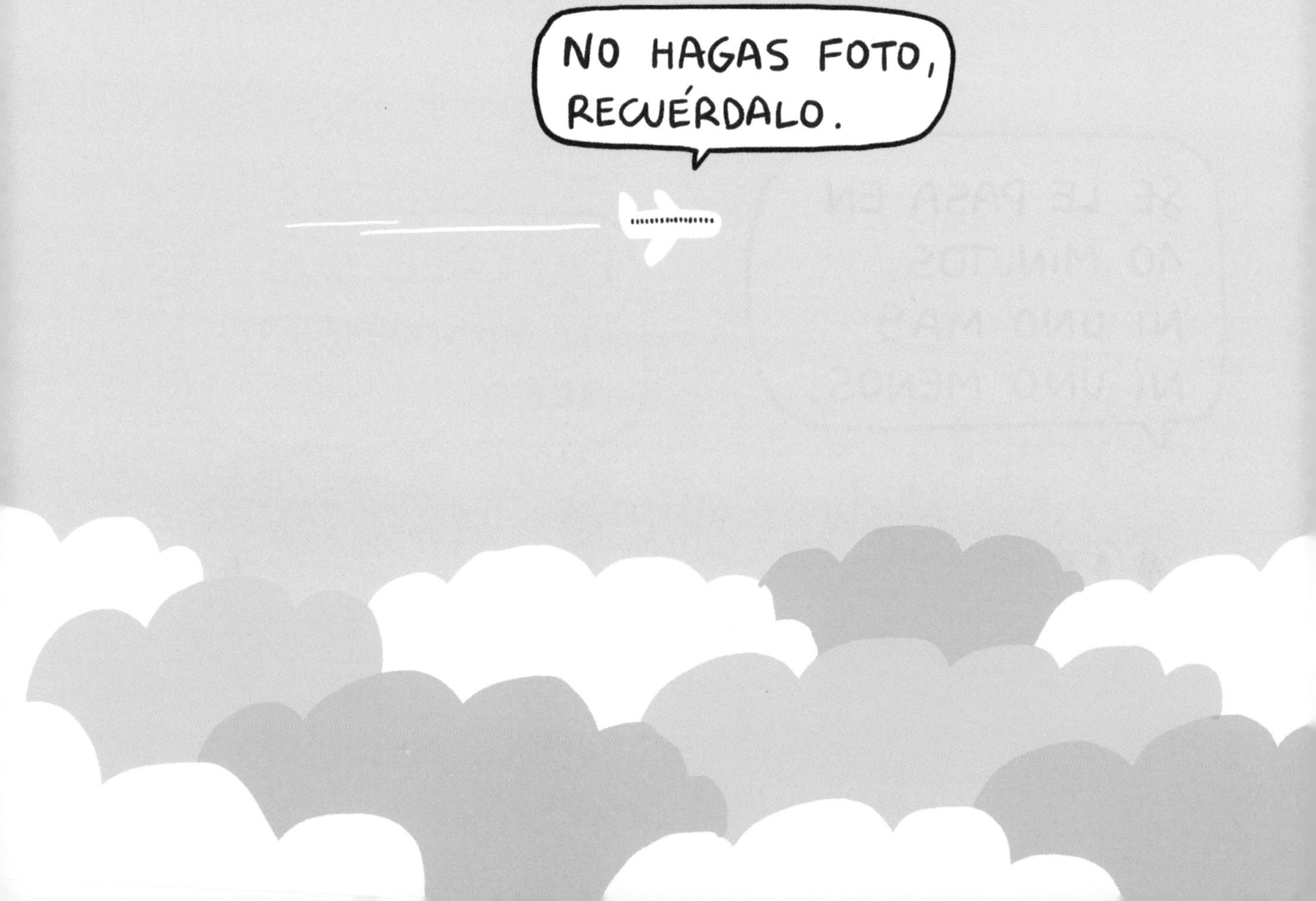
NO HAGAS FOTO, RECUÉRDALO.

GRACIAS

POR ENTENDER MIS ENFADOS.

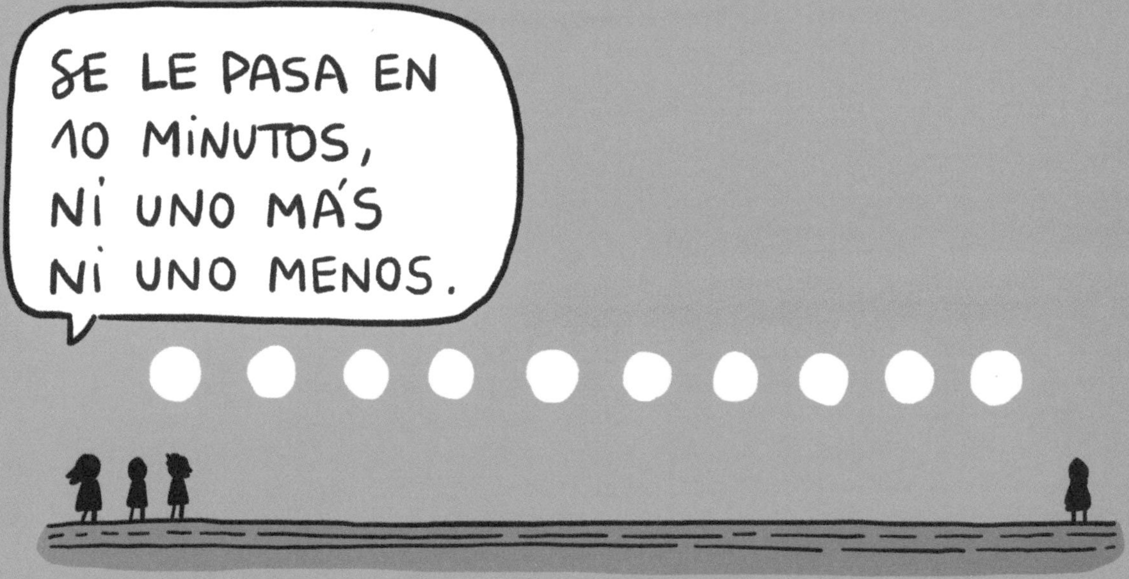
SE LE PASA EN 10 MINUTOS, NI UNO MÁS NI UNO MENOS.

GRACIAS
POR EL FLECHAZO.

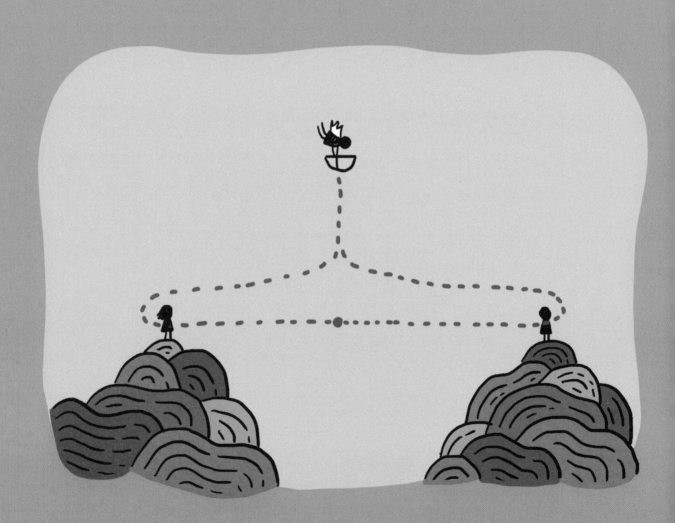

GRACIAS

POR EL MASAJE QUE ME DISTE
EL 9 DE ABRIL DE 2009.

GRACIAS
POR SER FIEL A LO QUE PASÓ.

GRACIAS, AMIGO, POR LA OCTAVA OPORTUNIDAD.

GRACIAS
POR ESA VISITA AL HOSPITAL.

GRACIAS
POR ESTIRAR ESA HORA.

GRACIAS
POR ESA MIRADA.

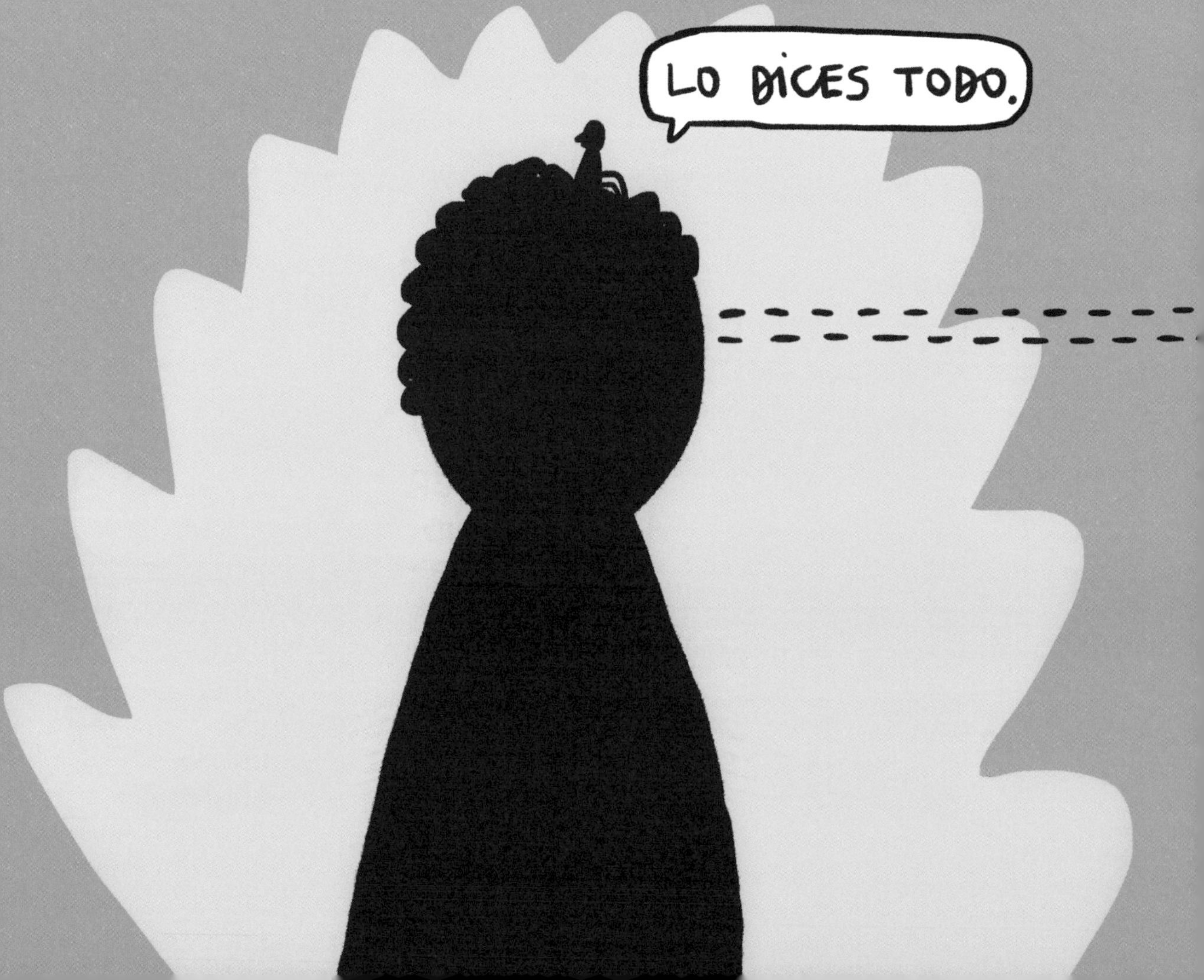
LO DICES TODO.

GRACIAS, PSICÓLOGO,
POR EXPLICÁRMELO.

GRACIAS, ABUELOS, POR LOS VERANOS DISFRAZADOS DE PADRES.

GRACIAS, VECINO CON TROMPETA,
OR IR DESAFINANDO MENOS CADA DÍA.

GRACIAS, CURIOSIDAD,
POR APARECER DE VEZ EN CUANDO.

GRACIAS, VIAJES, POR LEVANTARNOS DEL SOFÁ.

GRACIAS, CÁMARA, POR SACAR AQUELLA FOTO.

GRACIAS, AMANTES DEL 6.ºA, POR AMAR A HORAS LÓGICAS.

GRACIAS
POR TENER UNA DE REPUESTO.

GRACIAS

POR NO PASEARTE DESNUDA POR EL VESTUARIO.

GRACIAS
POR CUMPLIR CON TU PALABRA.

GRACIAS, TOKIO, POR ESPERAR.

GRACIAS
POR DEJAR TU EGO EN LA PUERTA.

GRACIAS
POR CONTINUAR CON LA MAGIA.

GRACIAS

POR DEJARNOS TRANQUILOS.

NO.
RESPETEMOS
SUS OPINIONES.

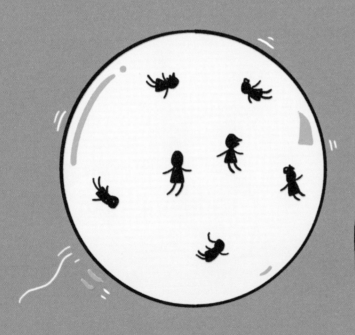

GRACIAS
POR ESTA CARICIA
QUE YA DURA 21 AÑOS.

72KILOS ES ÓSCAR ALONSO.
VIVE CON SU FAMILIA CERCA DE BILBAO.
ES MUY FELIZ.

OTROS LIBROS DE 72KILOS

LAS VIDAS QUE DIBUJAMOS
72KILOS
PLAN B

EL MUNDO ES UN REGALO
72KILOS
PLAN B

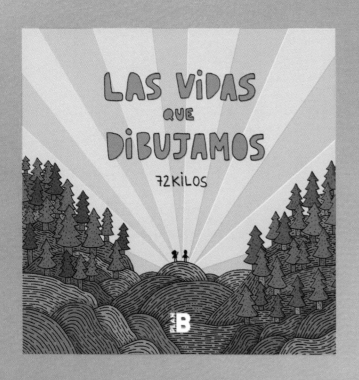

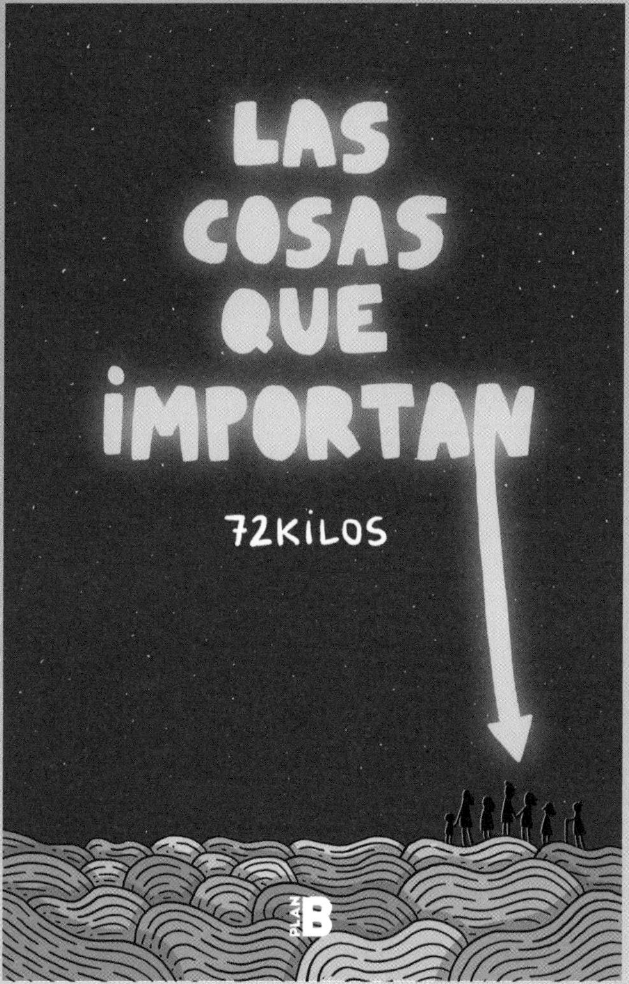
LAS COSAS QUE IMPORTAN
72KILOS
PLAN B

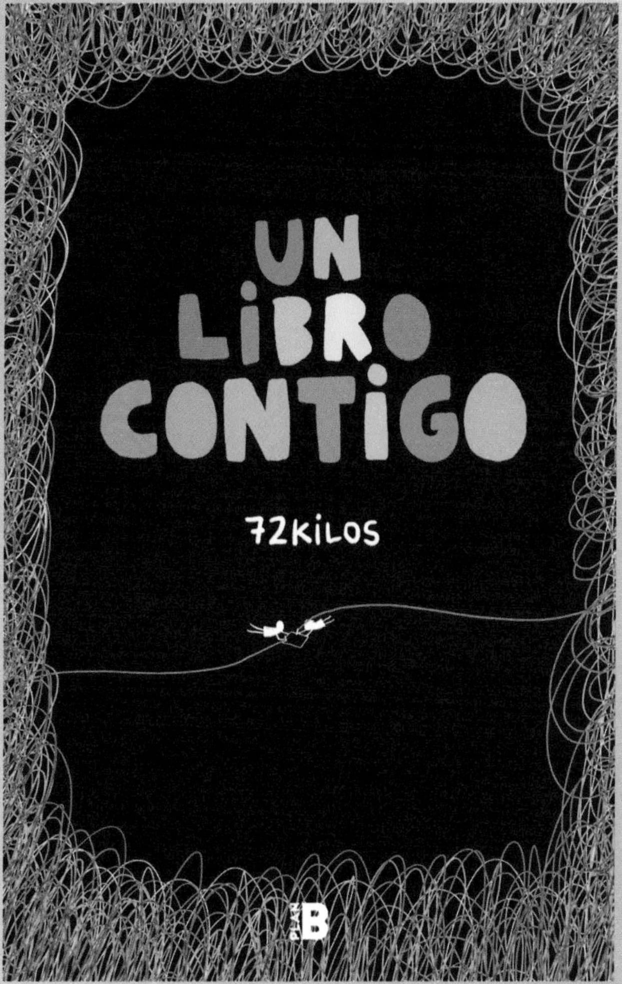
UN LIBRO CONTIGO
72KILOS
PLAN B